Weihnachten bei den Wichteln und Trollen

Erzählt von Erik Arpi
zu Bildern von Rolf Lidberg

Reinbeker Kinderbücher
CARLSEN VERLAG

Pippa und Pirko wohnen mit ihren Eltern, dem großen Bruder Paro und dem kleinen Bruder Palle im Wichteldorf tief im Trollwald.

Menschen kommen selten in diese Gegend. Aber auch wenn sich mal einer dorthin verirrt, sieht er nur Bäume und Moos, denn die Wichtel sind für die Menschen unsichtbar. Nur am Heiligen Abend zeigen sie sich, denn dann bringen sie die Weihnachtsgeschenke zu den Menschen.

„Papa, wie lange dauert es noch bis Weihnachten?" fragt Pippa.

„Fast genauso lange wie vor zwei Minuten, als du zum letzten Mal gefragt hast!"

„Einen ganzen Monat?" stöhnt Pippa.

„Das ist aber eine Menge Zeit!" meint Pirko, der den Schlitten festhält, während der Wichtelvater hämmert.

„Nicht, wenn man so viel zu tun hat wie wir!" meint die Wichtelmutter. Sie spinnt gerade Wolle für warme Jacken und Pullover.

„Papa", fragt Pippa, die neben Pirko auf dem Fußboden sitzt, „dürfen wir den Schlitten ausprobieren, wenn er fertig ist?"

„Nein", sagt der Vater, „das ist doch ein Weihnachtsgeschenk für ein Menschenkind!"

„Das Essen ist fertig!" ruft Tante Pernilla, die der Wichtelmutter manchmal in der Küche hilft.

„Hm, lecker!" sagt Paro. Er hat gerade ein Paar Skier fertiggeschnitzt.

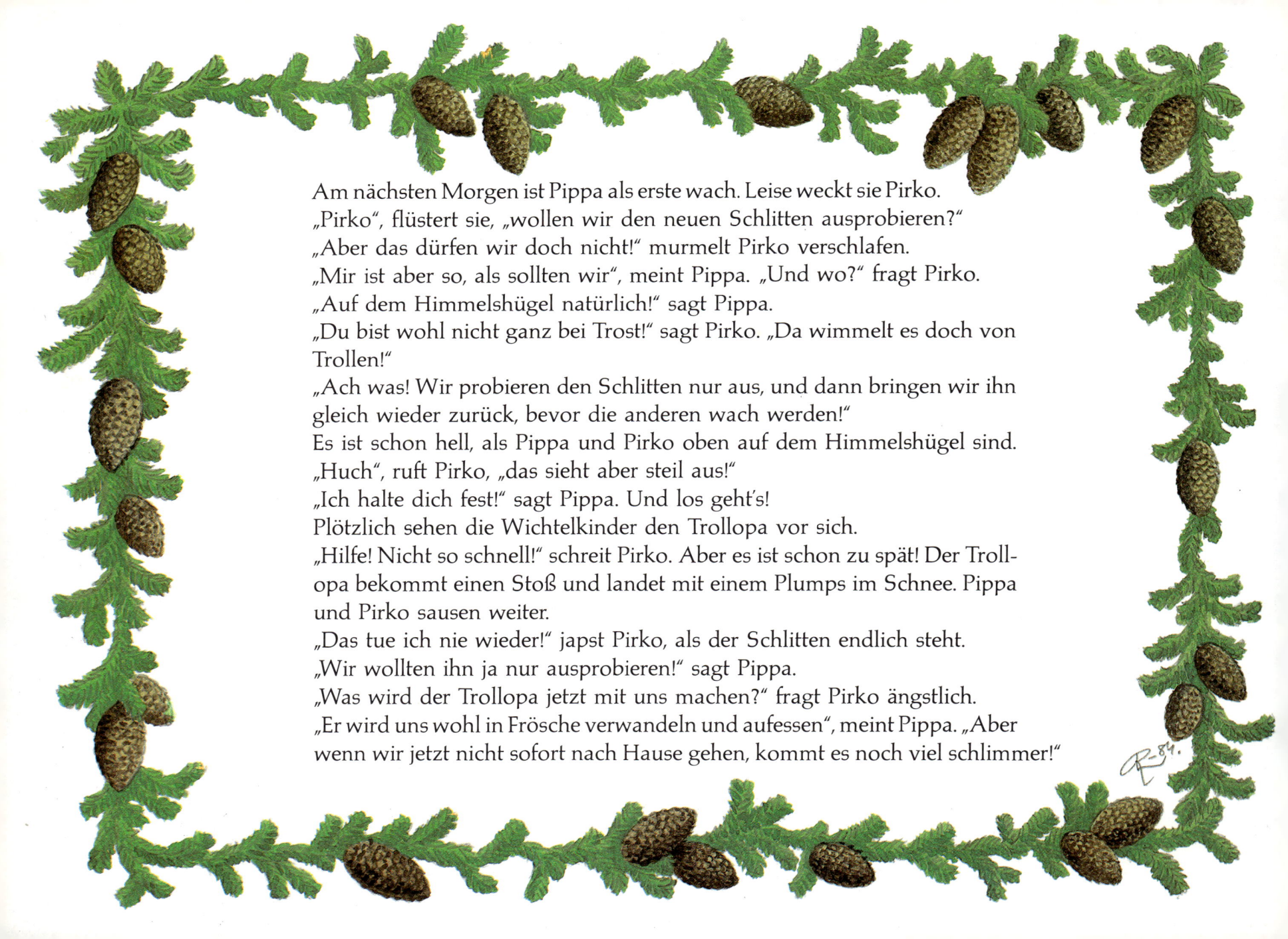

Am nächsten Morgen ist Pippa als erste wach. Leise weckt sie Pirko.
„Pirko", flüstert sie, „wollen wir den neuen Schlitten ausprobieren?"
„Aber das dürfen wir doch nicht!" murmelt Pirko verschlafen.
„Mir ist aber so, als sollten wir", meint Pippa. „Und wo?" fragt Pirko.
„Auf dem Himmelshügel natürlich!" sagt Pippa.
„Du bist wohl nicht ganz bei Trost!" sagt Pirko. „Da wimmelt es doch von Trollen!"
„Ach was! Wir probieren den Schlitten nur aus, und dann bringen wir ihn gleich wieder zurück, bevor die anderen wach werden!"
Es ist schon hell, als Pippa und Pirko oben auf dem Himmelshügel sind.
„Huch", ruft Pirko, „das sieht aber steil aus!"
„Ich halte dich fest!" sagt Pippa. Und los geht's!
Plötzlich sehen die Wichtelkinder den Trollopa vor sich.
„Hilfe! Nicht so schnell!" schreit Pirko. Aber es ist schon zu spät! Der Trollopa bekommt einen Stoß und landet mit einem Plumps im Schnee. Pippa und Pirko sausen weiter.
„Das tue ich nie wieder!" japst Pirko, als der Schlitten endlich steht.
„Wir wollten ihn ja nur ausprobieren!" sagt Pippa.
„Was wird der Trollopa jetzt mit uns machen?" fragt Pirko ängstlich.
„Er wird uns wohl in Frösche verwandeln und aufessen", meint Pippa. „Aber wenn wir jetzt nicht sofort nach Hause gehen, kommt es noch viel schlimmer!"

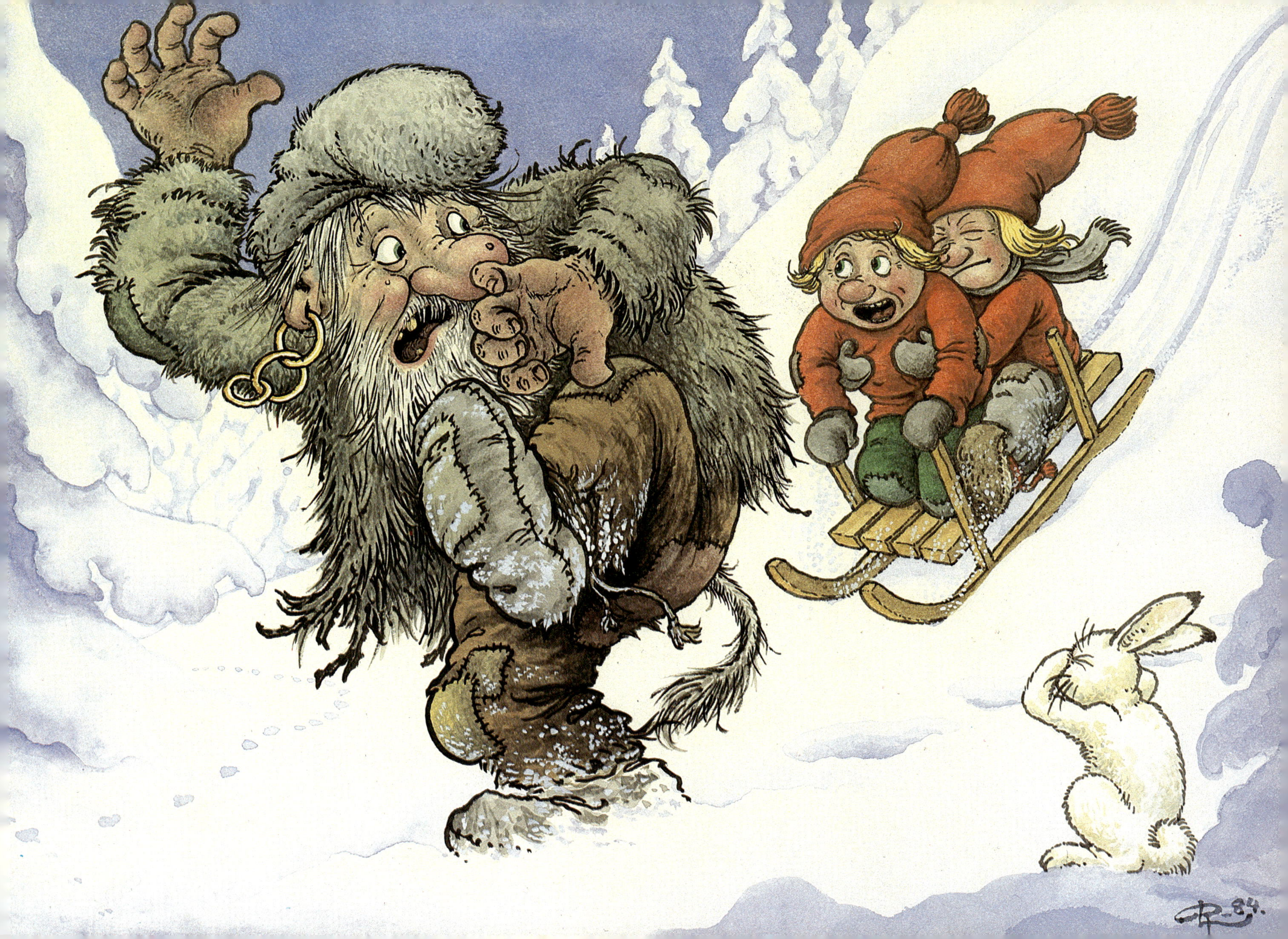

Pippa und Pirko schaffen es gerade noch, den Schlitten wegzustellen, sich auszuziehen und ins Bett zu kriechen, bevor die Wichtelmutter hereinkommt, um sie zu wecken.

„Aufstehen, ihr Siebenschläfer! Heute machen wir Weihnachtsvorbereitungen! Alle eure Freunde kommen!"

Pippa und Pirko ziehen sich schnell wieder an. Weihnachtsvorbereitungen sind ja fast so schön wie Weihnachten selbst!

„Ich backe die besten Lebkuchen auf der ganzen Welt!" ruft Pirko.

„Und ich bin Weltmeisterin im Kerzenziehen!" sagt Pippa.

Bald ist das Haus voller Wichtelkinder. Sie machen Bonbons, packen Pakete, basteln Weihnachtsbaumschmuck, backen Lebkuchen und naschen Teig. Mittendrin sitzt der Wichtelvater und bindet Garben für die Vögel. Die Zeit vergeht im Nu, und keiner merkt, daß Palle längst eingeschlafen ist. Pippa und Pirko sind auch müde. Sie sind ja auch schon lange wach…

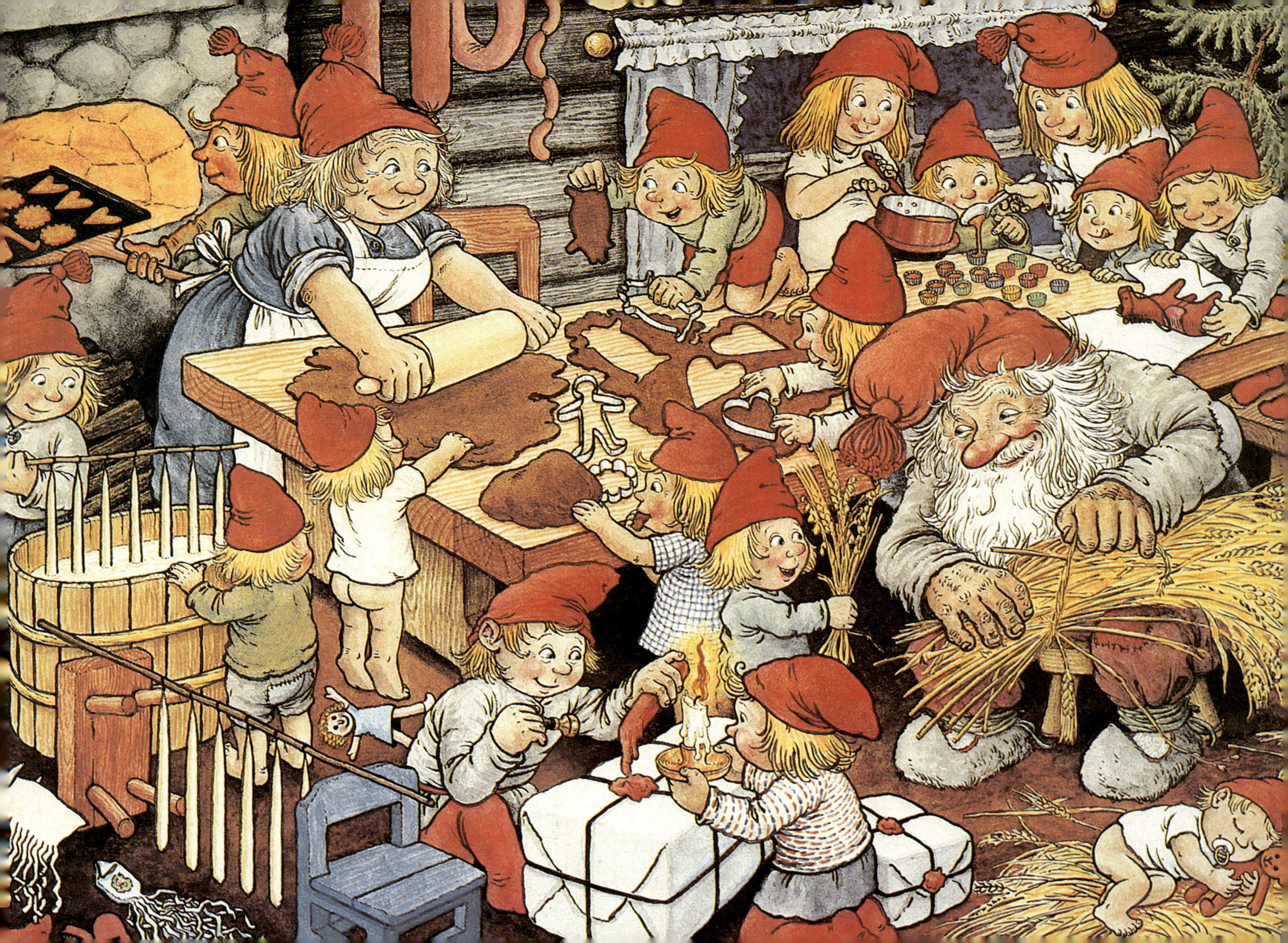

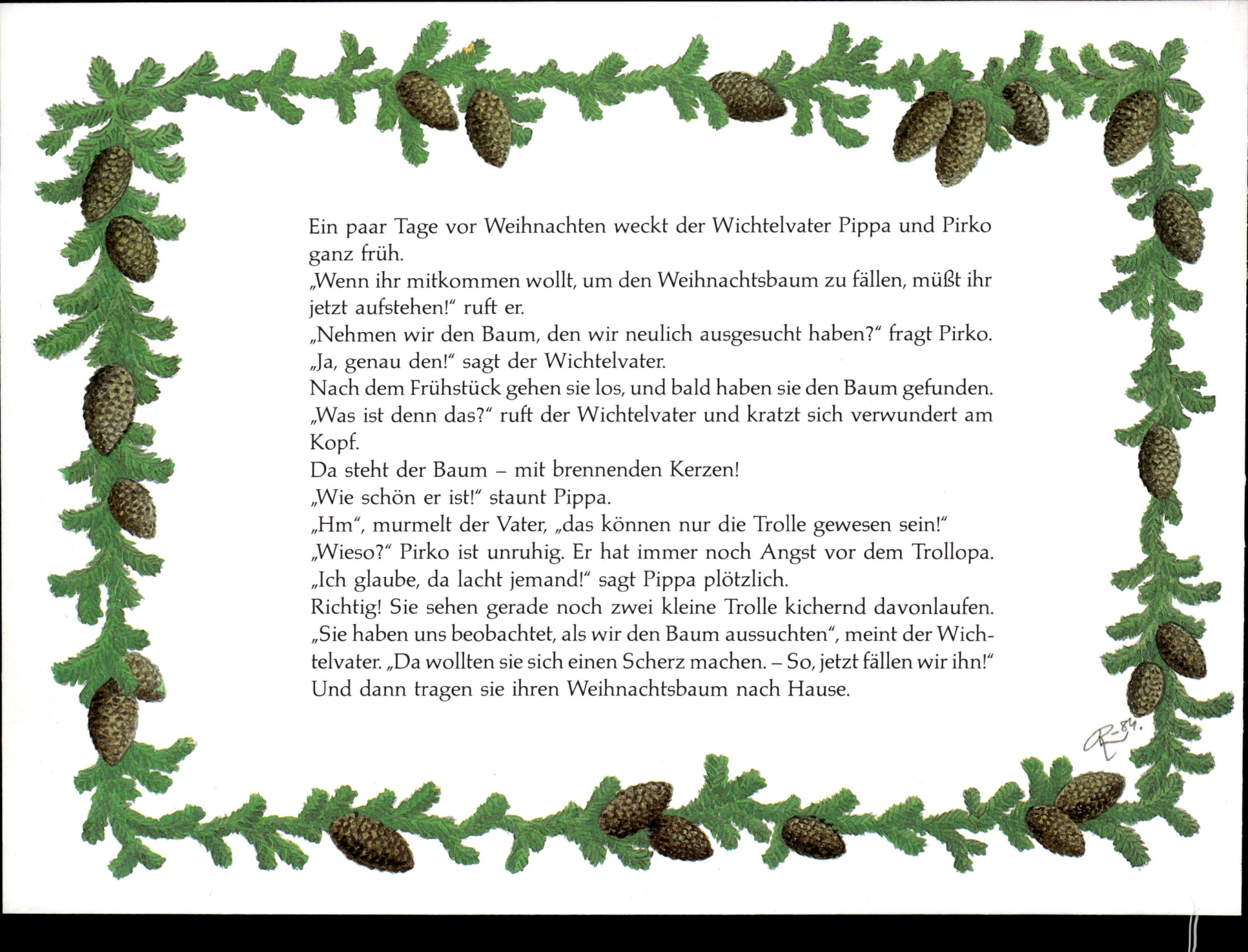

Ein paar Tage vor Weihnachten weckt der Wichtelvater Pippa und Pirko ganz früh.

„Wenn ihr mitkommen wollt, um den Weihnachtsbaum zu fällen, müßt ihr jetzt aufstehen!" ruft er.

„Nehmen wir den Baum, den wir neulich ausgesucht haben?" fragt Pirko.

„Ja, genau den!" sagt der Wichtelvater.

Nach dem Frühstück gehen sie los, und bald haben sie den Baum gefunden.

„Was ist denn das?" ruft der Wichtelvater und kratzt sich verwundert am Kopf.

Da steht der Baum – mit brennenden Kerzen!

„Wie schön er ist!" staunt Pippa.

„Hm", murmelt der Vater, „das können nur die Trolle gewesen sein!"

„Wieso?" Pirko ist unruhig. Er hat immer noch Angst vor dem Trollopa.

„Ich glaube, da lacht jemand!" sagt Pippa plötzlich.

Richtig! Sie sehen gerade noch zwei kleine Trolle kichernd davonlaufen.

„Sie haben uns beobachtet, als wir den Baum aussuchten", meint der Wichtelvater. „Da wollten sie sich einen Scherz machen. – So, jetzt fällen wir ihn!"

Und dann tragen sie ihren Weihnachtsbaum nach Hause.

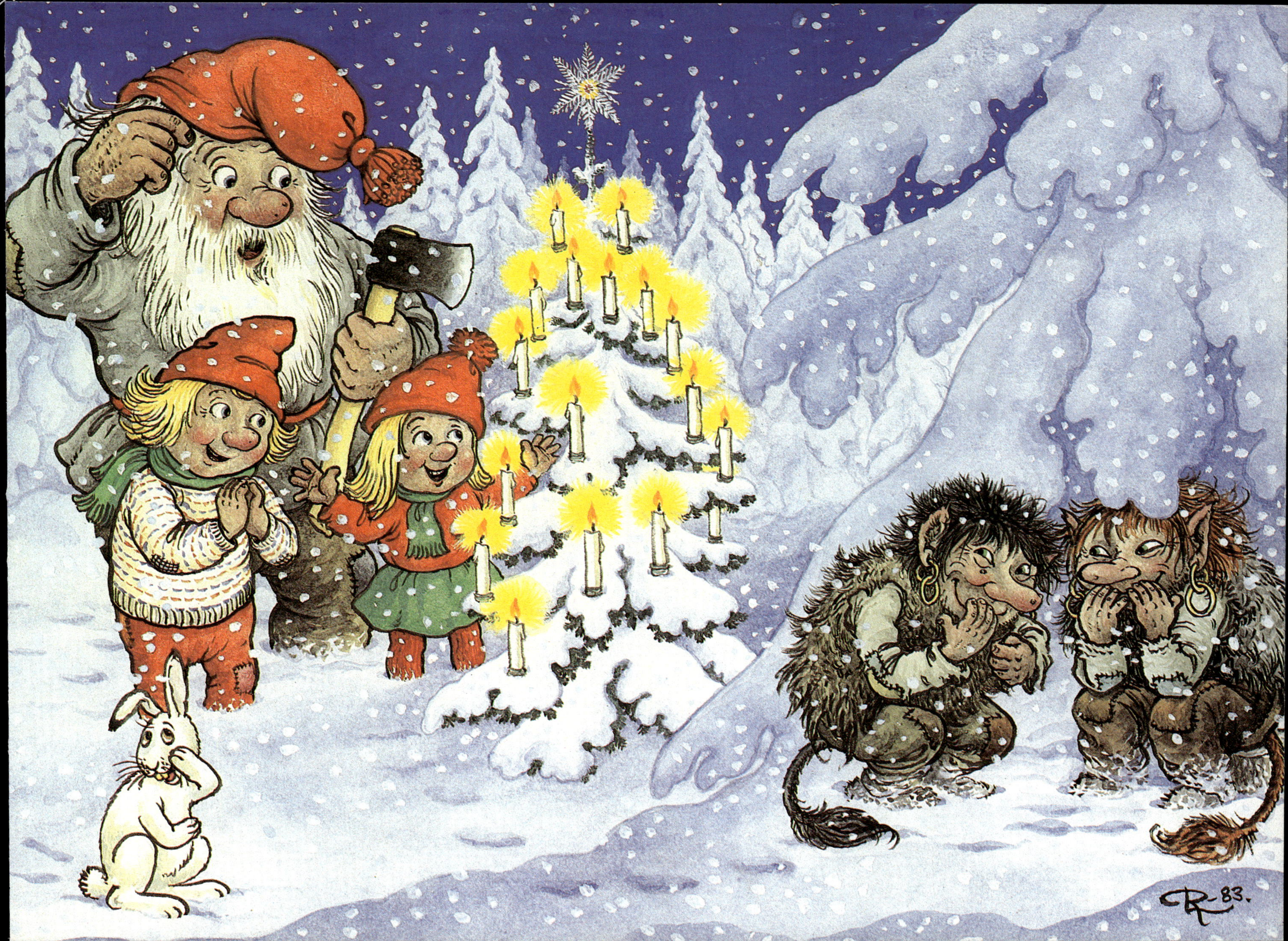

Am Tag vor Heiligabend ist Badetag.

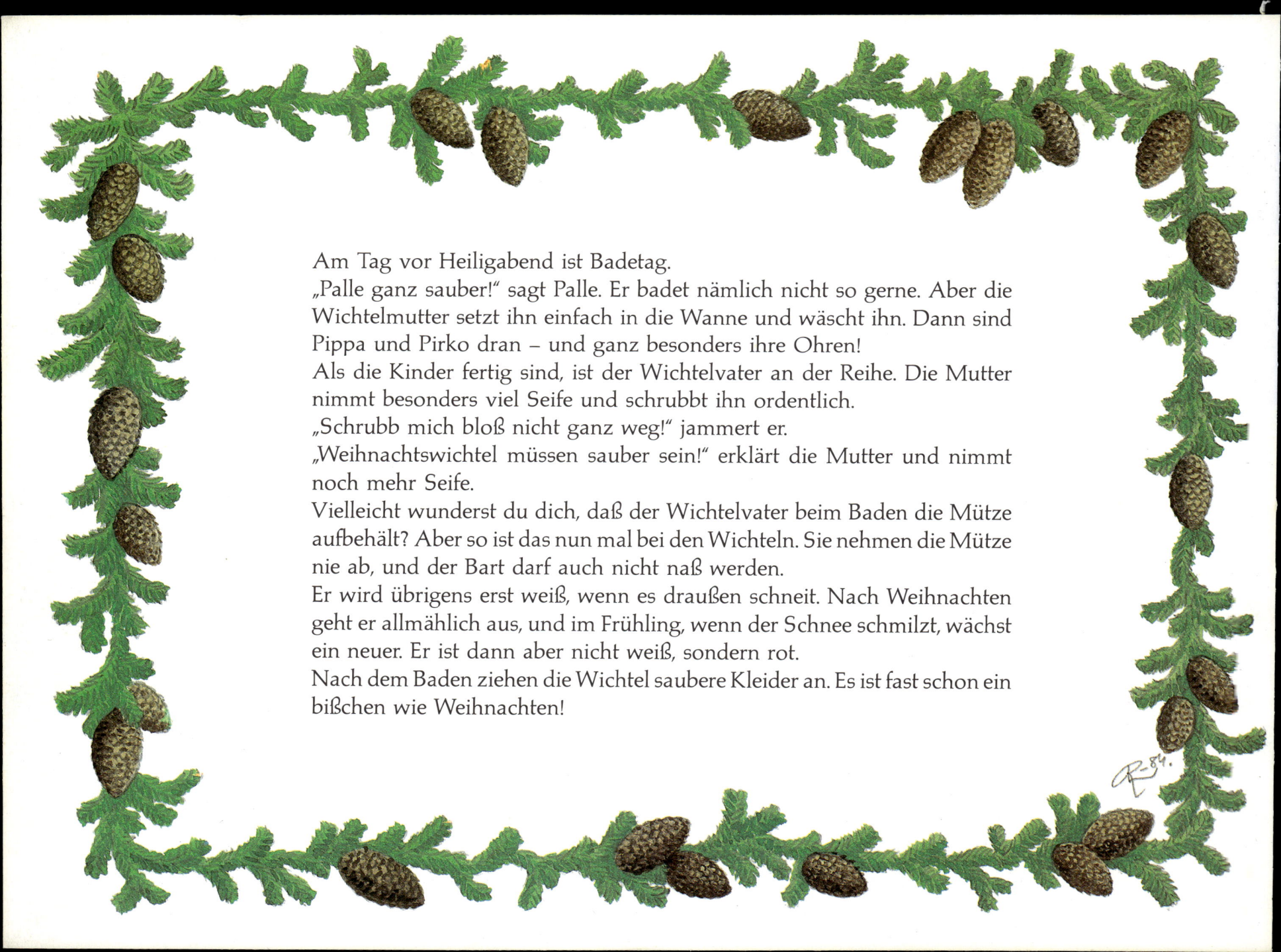

„Palle ganz sauber!" sagt Palle. Er badet nämlich nicht so gerne. Aber die Wichtelmutter setzt ihn einfach in die Wanne und wäscht ihn. Dann sind Pippa und Pirko dran – und ganz besonders ihre Ohren!

Als die Kinder fertig sind, ist der Wichtelvater an der Reihe. Die Mutter nimmt besonders viel Seife und schrubbt ihn ordentlich.

„Schrubb mich bloß nicht ganz weg!" jammert er.

„Weihnachtswichtel müssen sauber sein!" erklärt die Mutter und nimmt noch mehr Seife.

Vielleicht wunderst du dich, daß der Wichtelvater beim Baden die Mütze aufbehält? Aber so ist das nun mal bei den Wichteln. Sie nehmen die Mütze nie ab, und der Bart darf auch nicht naß werden.

Er wird übrigens erst weiß, wenn es draußen schneit. Nach Weihnachten geht er allmählich aus, und im Frühling, wenn der Schnee schmilzt, wächst ein neuer. Er ist dann aber nicht weiß, sondern rot.

Nach dem Baden ziehen die Wichtel saubere Kleider an. Es ist fast schon ein bißchen wie Weihnachten!

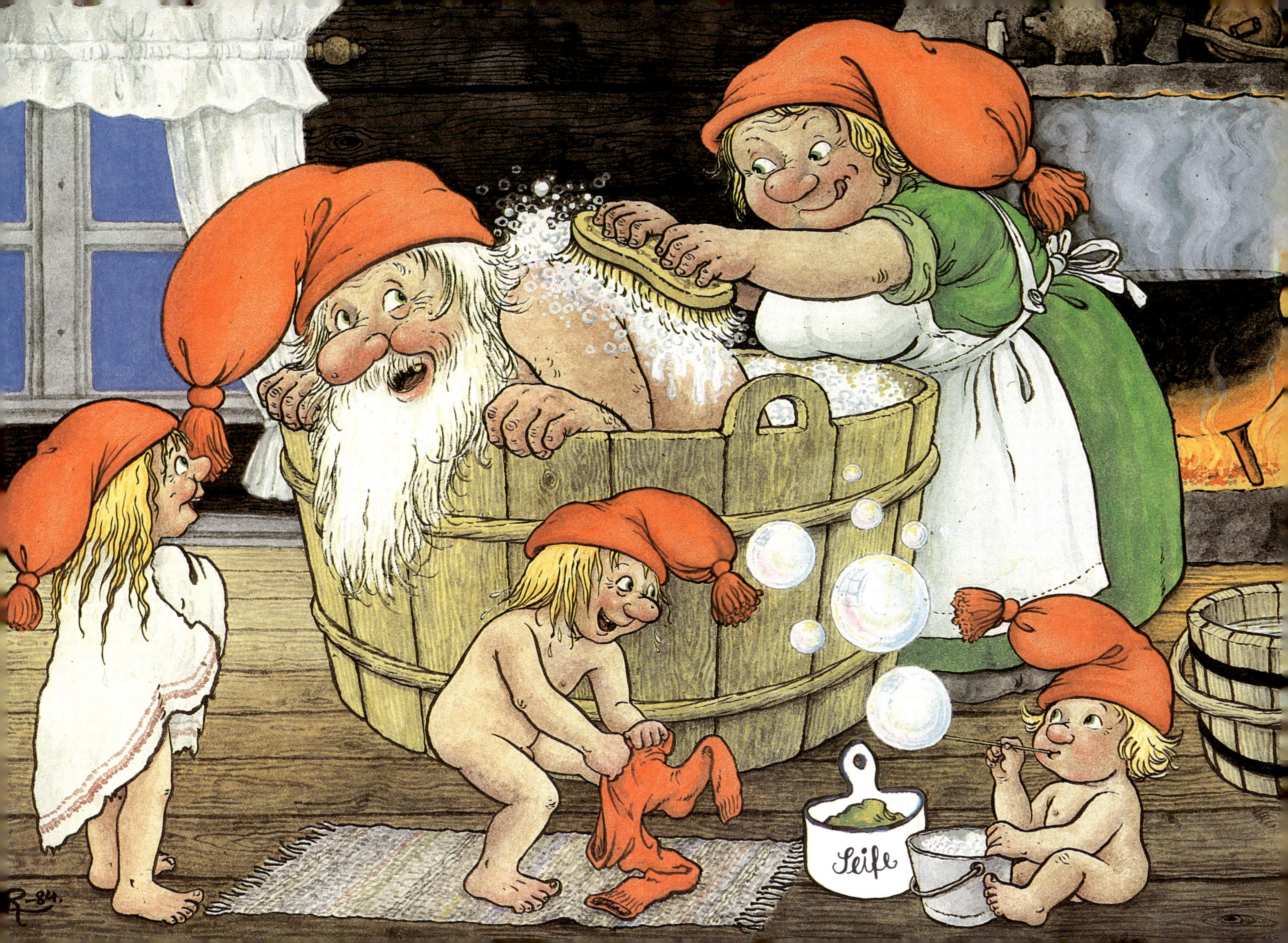
Seife

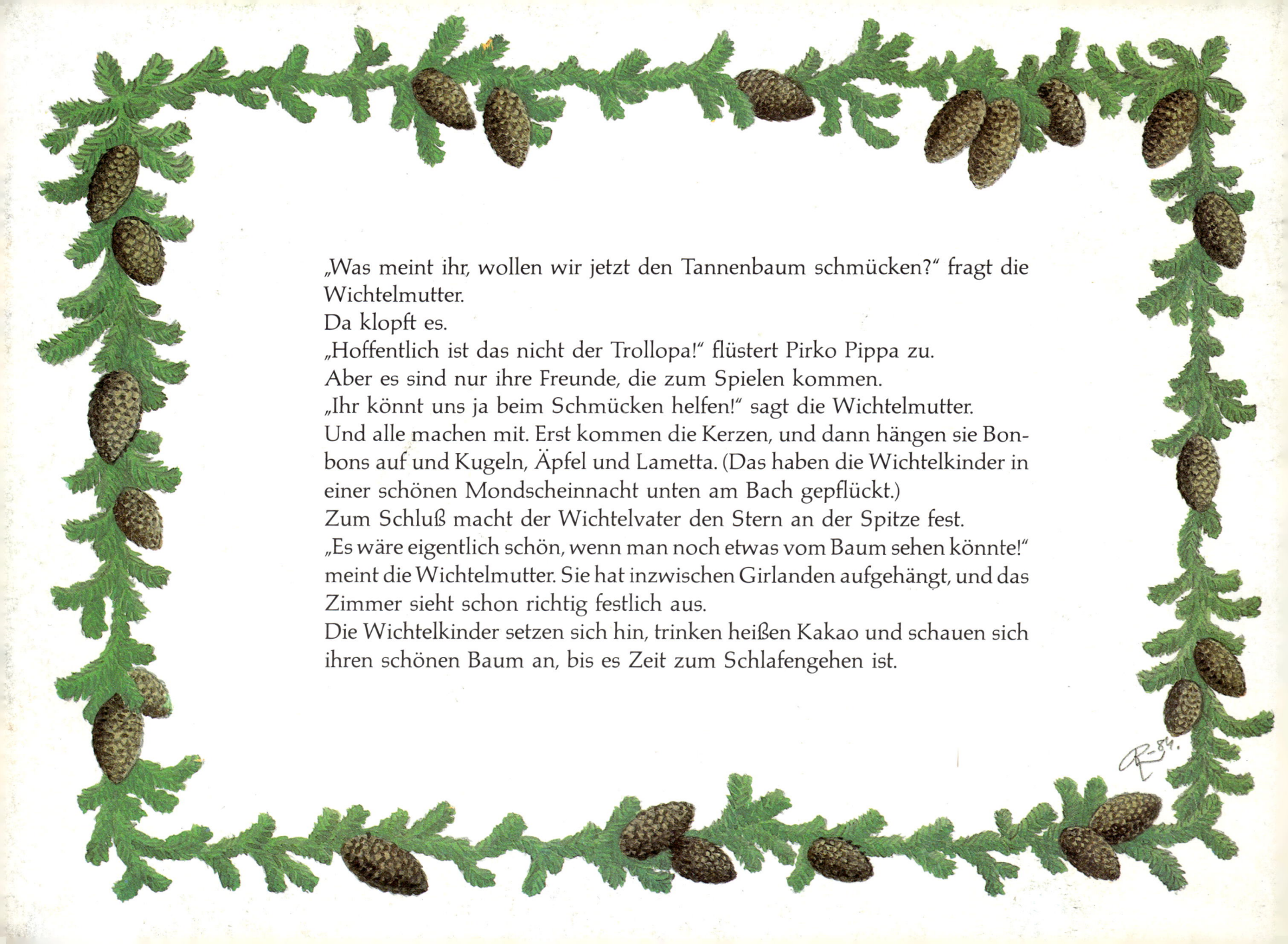

„Was meint ihr, wollen wir jetzt den Tannenbaum schmücken?" fragt die Wichtelmutter.
Da klopft es.
„Hoffentlich ist das nicht der Trollopa!" flüstert Pirko Pippa zu.
Aber es sind nur ihre Freunde, die zum Spielen kommen.
„Ihr könnt uns ja beim Schmücken helfen!" sagt die Wichtelmutter.
Und alle machen mit. Erst kommen die Kerzen, und dann hängen sie Bonbons auf und Kugeln, Äpfel und Lametta. (Das haben die Wichtelkinder in einer schönen Mondscheinnacht unten am Bach gepflückt.)
Zum Schluß macht der Wichtelvater den Stern an der Spitze fest.
„Es wäre eigentlich schön, wenn man noch etwas vom Baum sehen könnte!" meint die Wichtelmutter. Sie hat inzwischen Girlanden aufgehängt, und das Zimmer sieht schon richtig festlich aus.
Die Wichtelkinder setzen sich hin, trinken heißen Kakao und schauen sich ihren schönen Baum an, bis es Zeit zum Schlafengehen ist.

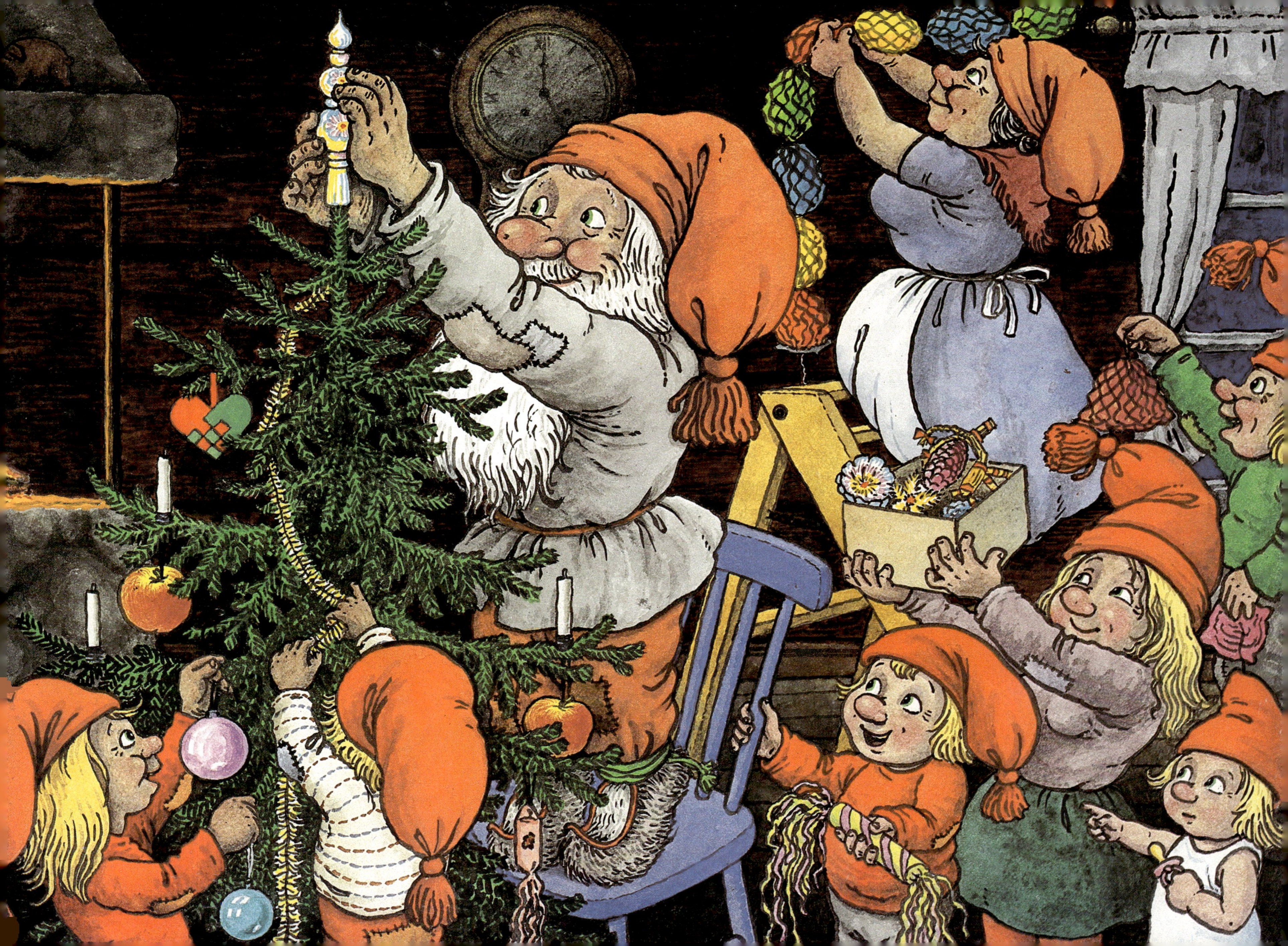

„Papa, erzählst du uns noch eine Geschichte?" fragt Pippa.

„O ja, eine spannende!" ruft Paro.

„Hm", macht der Wichtelvater, nimmt Palle auf den Schoß, setzt sich auf dem Hocker zurecht und räuspert sich.

„Wißt ihr", fängt er an, „eines Heiligabends kam Wichtelopa vom Geschenkeverteilen nach Hause. Unterwegs traf er einen großen Bären, und der war fürchterlich wütend, weil ihn jemand aus dem Winterschlaf aufgeweckt hatte. Obwohl Opa wie alle Wichtel die Sprache der Tiere beherrschte, ließ sich der Bär nicht beruhigen, sondern fiel Opa an. Da stülpte Opa dem Bären blitzschnell den leeren Sack über den Kopf. Außer sich vor Wut raste der Bär herum und prallte schließlich gegen eine mächtige Tanne, weil er ja nichts sehen konnte. Er stieß sich so schrecklich, daß er in Ohnmacht fiel. Da schnappte sich Opa den Sack und lief nach Hause, so schnell ihn seine Beine trugen."

„Noch eine Geschichte!" bittet Pippa. „Nur noch eine!"

„Nein, Schluß jetzt, ihr müßt ins Bett!" sagt die Wichtelmutter. „Morgen wird ein langer Tag!"

„Aber Papa", meint Pippa, „wäre es nicht fürchterlich spannend, wenn du auch einem wütenden Bären begegnen würdest und laufen müßtest, so schnell deine Beine dich tragen?"

„Hm", brummt der Wichtelvater, „ich glaube, das fände ich nicht fürchterlich spannend!"

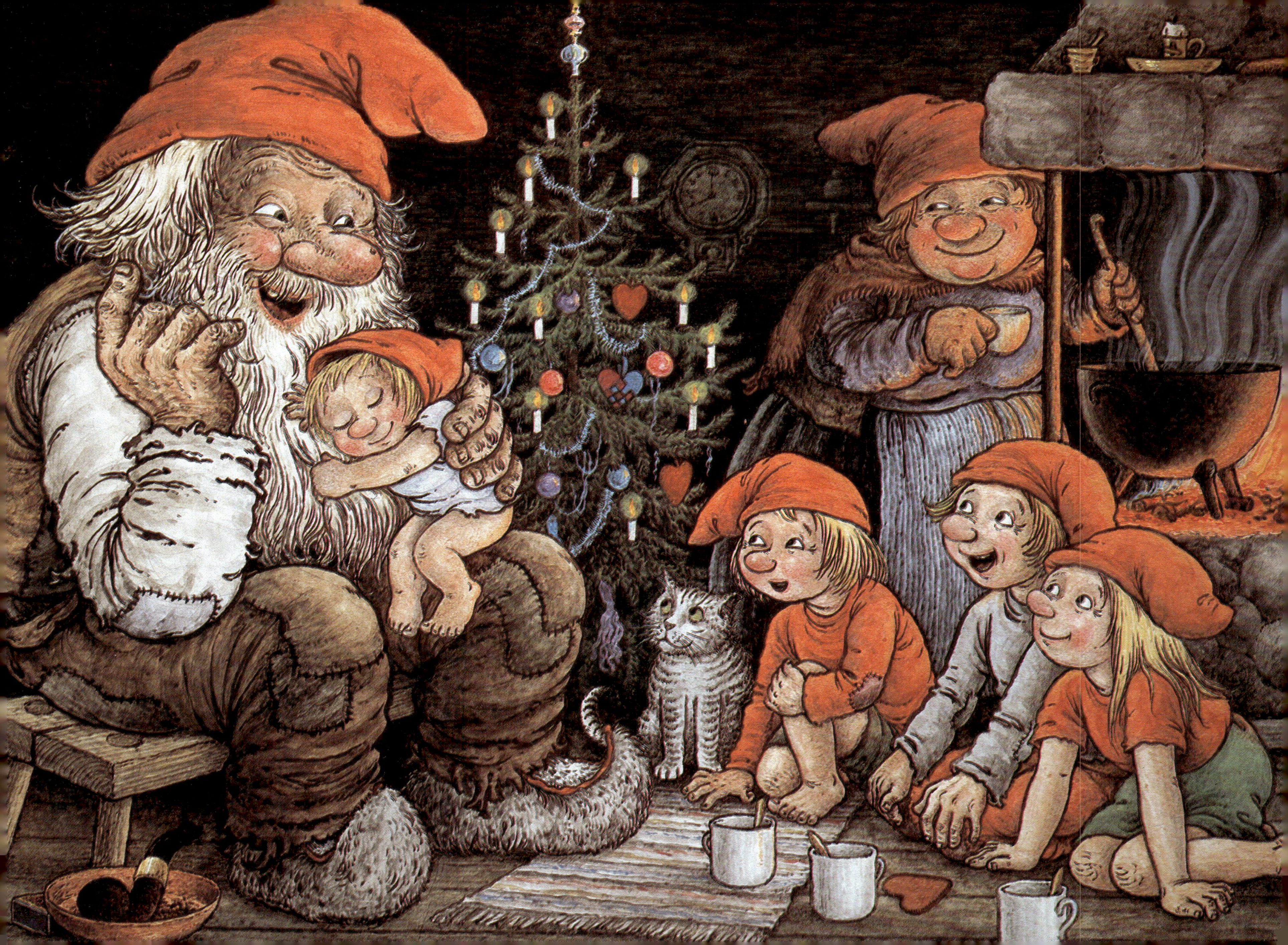

Endlich ist Heiligabend! Zum ersten Mal darf Paro mit dem Wichtelvater Weihnachtsgeschenke zu den Menschen bringen. Er soll alles lernen, was ein echter Weihnachtswichtel können muß.
„Ich will auch mit!" ruft Pippa. „Ich bin nämlich Weltmeisterin im Geschenkeverteilen!"
„Nein, du mußt noch warten!" sagt der Wichtelvater.
„Warum denn?" fragt Pippa böse. „Du hast doch selber gesagt, daß es so viele Menschen gibt und die Weihnachtswichtel es gar nicht mehr schaffen, ihnen allen Geschenke zu bringen!"
„Ja, und du hast auch gesagt, daß manche Menschen sich als Weihnachtswichtel verkleiden, weil es zu wenig echte gibt!" fügt Pirko hinzu. „Wir sind doch viel besser, weil wir echt sind!"
„Schluß jetzt!" ruft der Wichtelvater. „Wir müssen uns beeilen!" Er und Paro nehmen die Säcke auf die Schultern und gehen davon.
„Bis heute abend!" rufen sie und winken.
„Denen werd ich's zeigen!" knurrt Pippa.

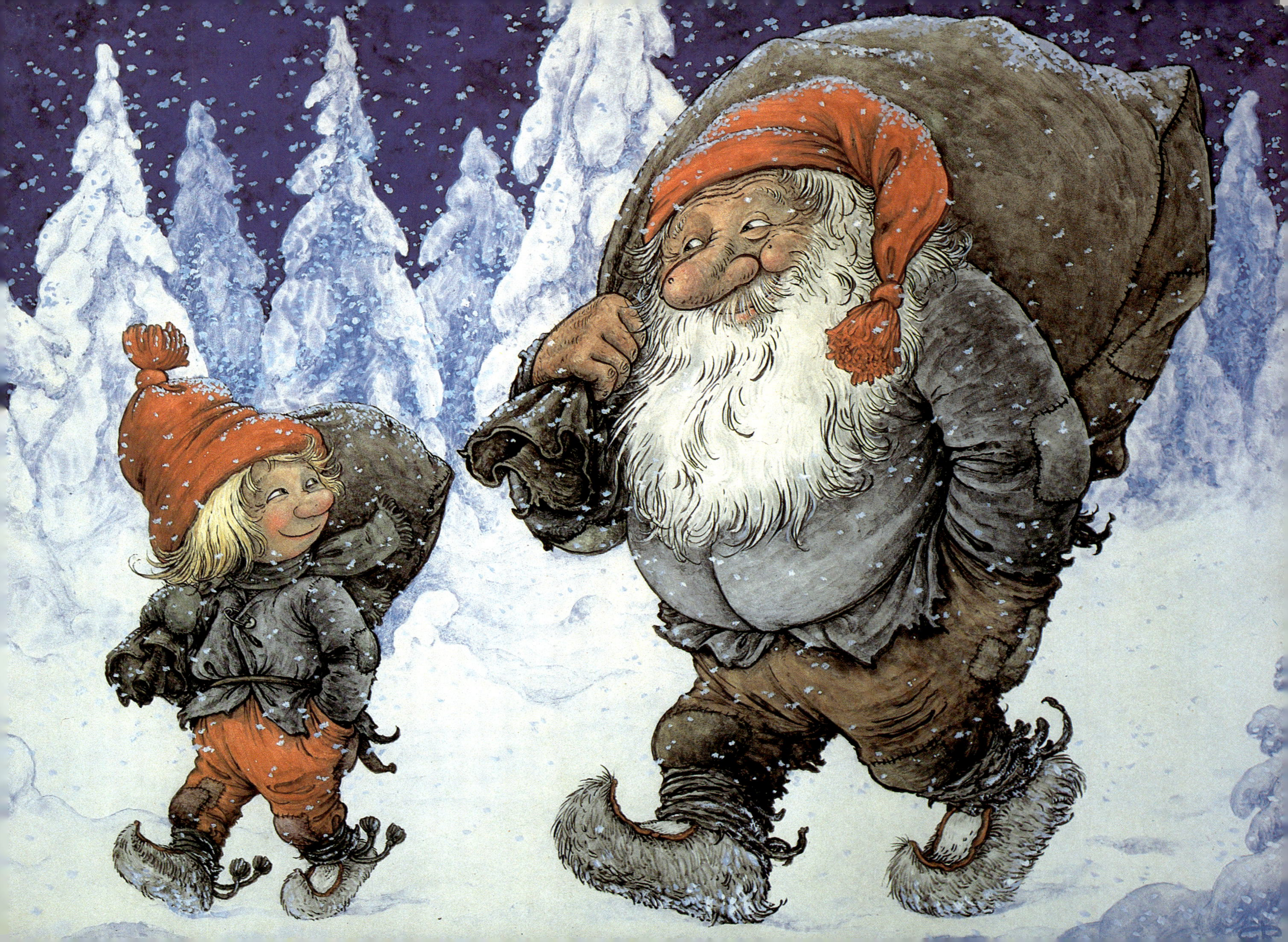

„Was wirst du ihnen zeigen?" fragt Pirko besorgt. Er weiß, daß Pippas Ideen nicht immer ungefährlich sind.

„Wir gehen als Weihnachtswichtel zum Trollopa!" verkündet Pippa. „Ich weiß, wo er wohnt."

Ohne daß die Wichtelmutter etwas merkt, ziehen Pippa und Pirko sich an, nehmen die Laterne und Weihnachtsgeschenke und laden alles auf einen Schlitten. Dann ziehen sie los.

Nach einer Weile kommen sie auf einen Hügel, und dort sehen sie etwas Merkwürdiges: es sieht aus wie große, leuchtende Gardinen am Himmel.

„Das heißt Nordlicht", sagt Pirko. „Das weiß ich von Papa."

„Es ist wunderschön!" flüstert Pippa.

Dann gehen sie weiter durch den Wald. Aber sie finden die Stelle nicht, wo der Trollopa wohnt. Es wird schon dunkel, und es fängt an zu schneien. Schließlich begreifen sie, daß sie sich verlaufen haben.

„Wenn wir erfrieren", sagt Pirko und weint fast, „dann wird das aber kein schöner Heiligabend!"

„Hör auf mit dem Quatsch!" sagt Pippa. „Denk lieber dran, daß du kein Frosch geworden bist. Dann fühlst du dich gleich besser!"

Aber Pippa fühlt sich auch nicht sehr wohl.

Wie soll das bloß enden?

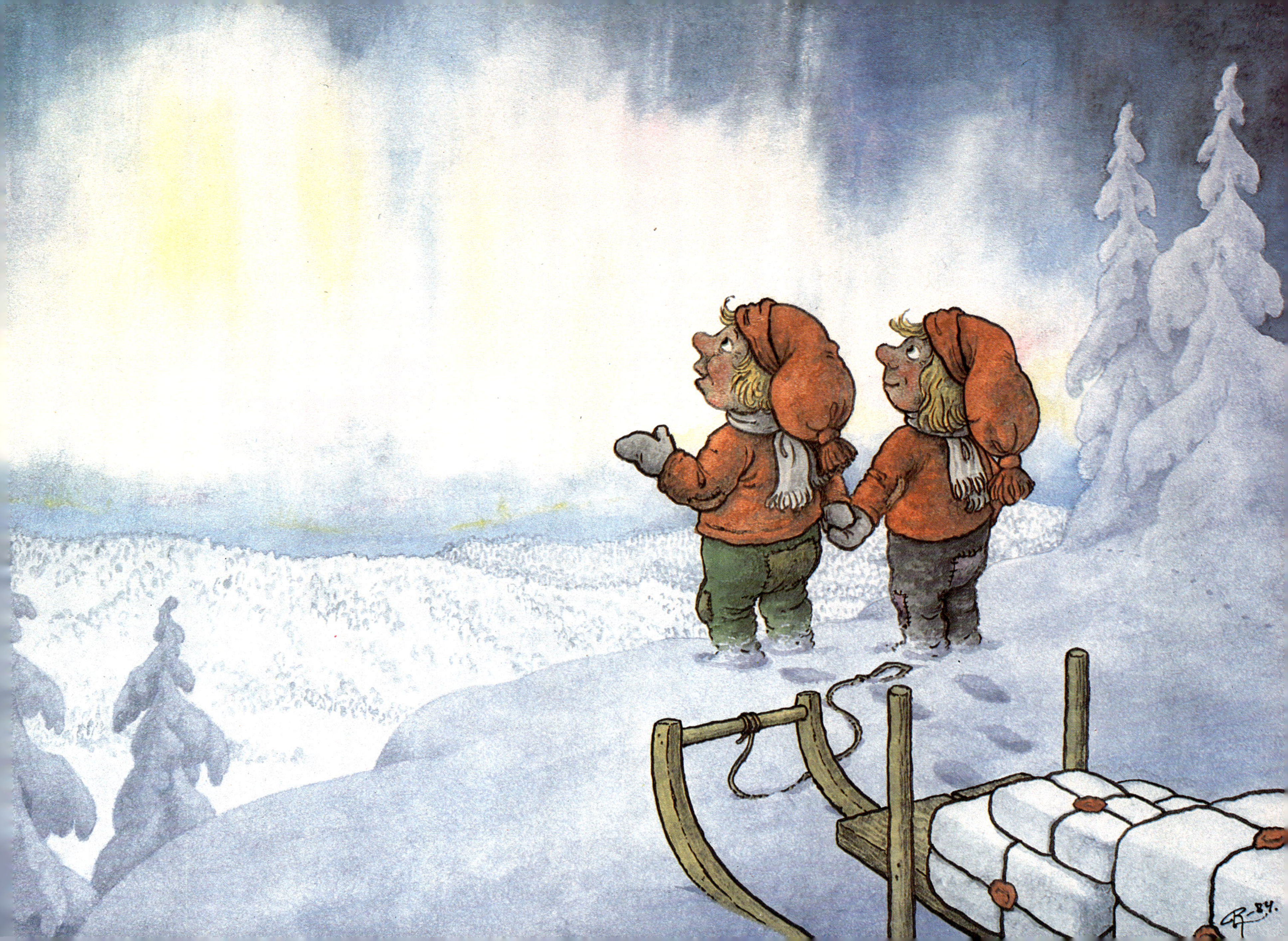

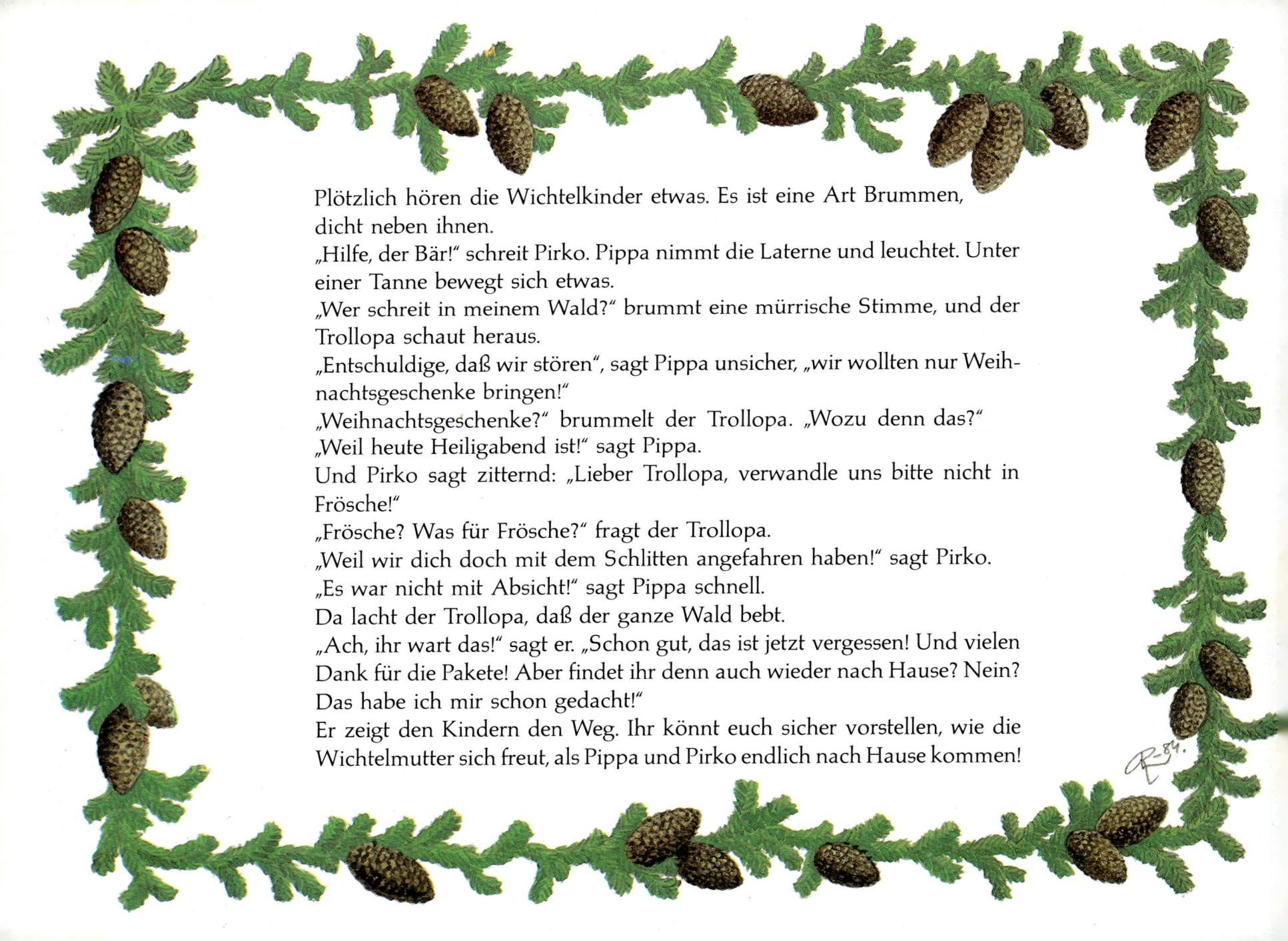

Plötzlich hören die Wichtelkinder etwas. Es ist eine Art Brummen, dicht neben ihnen.

„Hilfe, der Bär!" schreit Pirko. Pippa nimmt die Laterne und leuchtet. Unter einer Tanne bewegt sich etwas.

„Wer schreit in meinem Wald?" brummt eine mürrische Stimme, und der Trollopa schaut heraus.

„Entschuldige, daß wir stören", sagt Pippa unsicher, „wir wollten nur Weihnachtsgeschenke bringen!"

„Weihnachtsgeschenke?" brummelt der Trollopa. „Wozu denn das?"

„Weil heute Heiligabend ist!" sagt Pippa.

Und Pirko sagt zitternd: „Lieber Trollopa, verwandle uns bitte nicht in Frösche!"

„Frösche? Was für Frösche?" fragt der Trollopa.

„Weil wir dich doch mit dem Schlitten angefahren haben!" sagt Pirko.

„Es war nicht mit Absicht!" sagt Pippa schnell.

Da lacht der Trollopa, daß der ganze Wald bebt.

„Ach, ihr wart das!" sagt er. „Schon gut, das ist jetzt vergessen! Und vielen Dank für die Pakete! Aber findet ihr denn auch wieder nach Hause? Nein? Das habe ich mir schon gedacht!"

Er zeigt den Kindern den Weg. Ihr könnt euch sicher vorstellen, wie die Wichtelmutter sich freut, als Pippa und Pirko endlich nach Hause kommen!

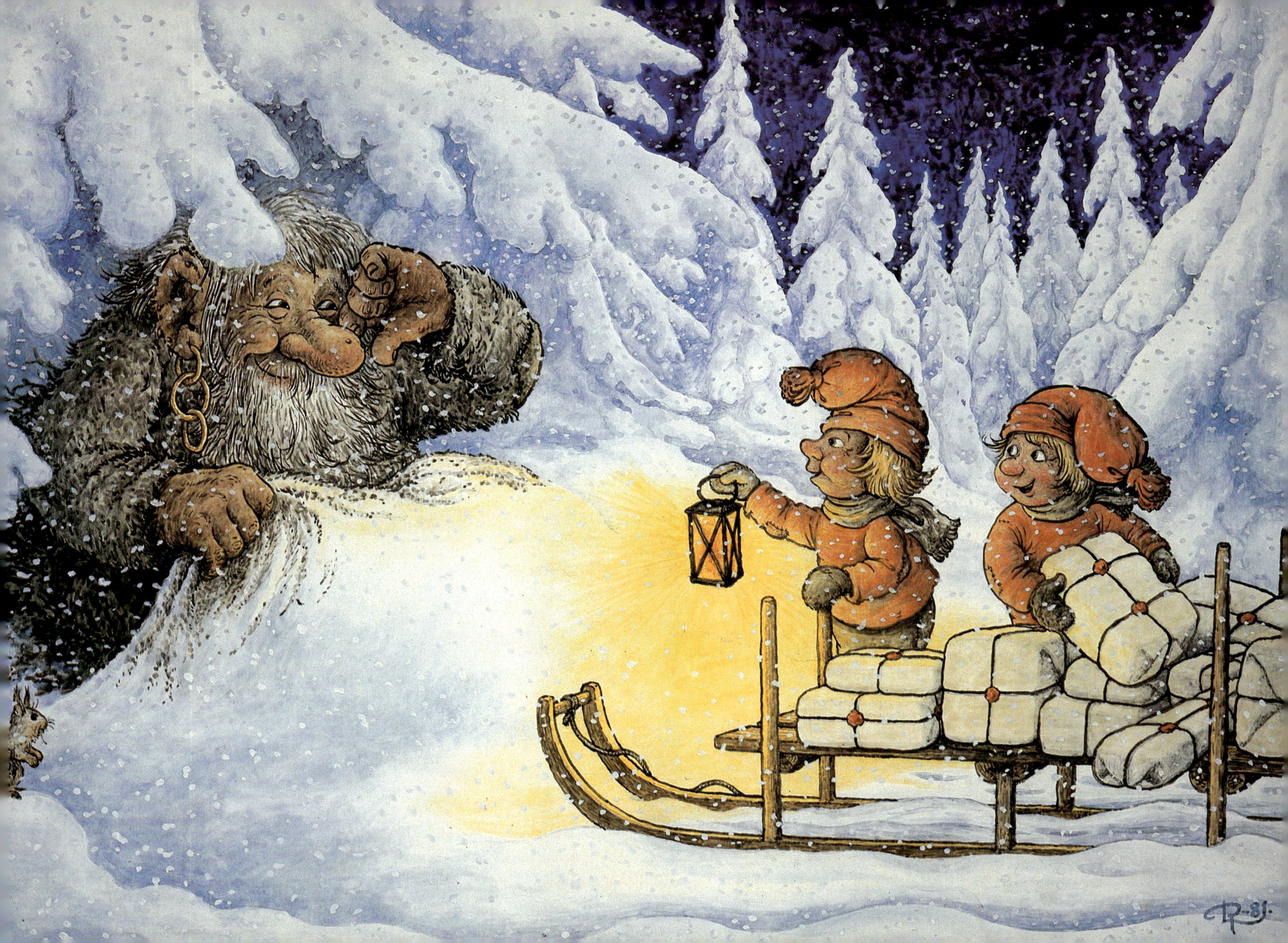

Als sie ihre Jacken ausgezogen haben, sagt Pippa zu Pirko: „Und jetzt verkleiden wir uns als Menschenweihnachtswichtel und gehen zu Tante und Onkel!"

„Nein, ich habe genug für heute!" stöhnt Pirko.

„Wieso denn?" fragt Pippa. „Du bist nicht erfroren, und ein Frosch bist du auch nicht geworden. Komm, wir nehmen die Wichtelmasken, die Papa im letzten Jahr von den Menschen mitgebracht hat!"

„Wohin geht ihr?" fragt die Wichtelmutter.

„Zu Tante und Onkel", sagt Pippa.

„Dann nehmt aber Palle mit", sagt die Mutter.

„Na gut, wir haben ja drei Wichtelmasken", meint Pirko.

Ihr könnt euch wohl denken, wie erstaunt Tante und Onkel sind, als die Kinder mit ihren Masken hereinkommen!

Und als Pippa dann auch noch fragt: „Seid ihr auch alle artig gewesen?", fällt der Onkel vor Überraschung ums Haar vom Schaukelstuhl.

Aber dann meinen die beiden, daß es hier eigentlich nur ziemlich artige Wichtel gibt. Und sie bedanken sich bei den Kindern für die schönen Weihnachtsgeschenke.

Da hören sie draußen Schritte.

„Das müssen Papa und Paro sein!" ruft Pippa.

Sie stürmen nach Hause, um zu hören, wie es bei den Menschenkindern war.

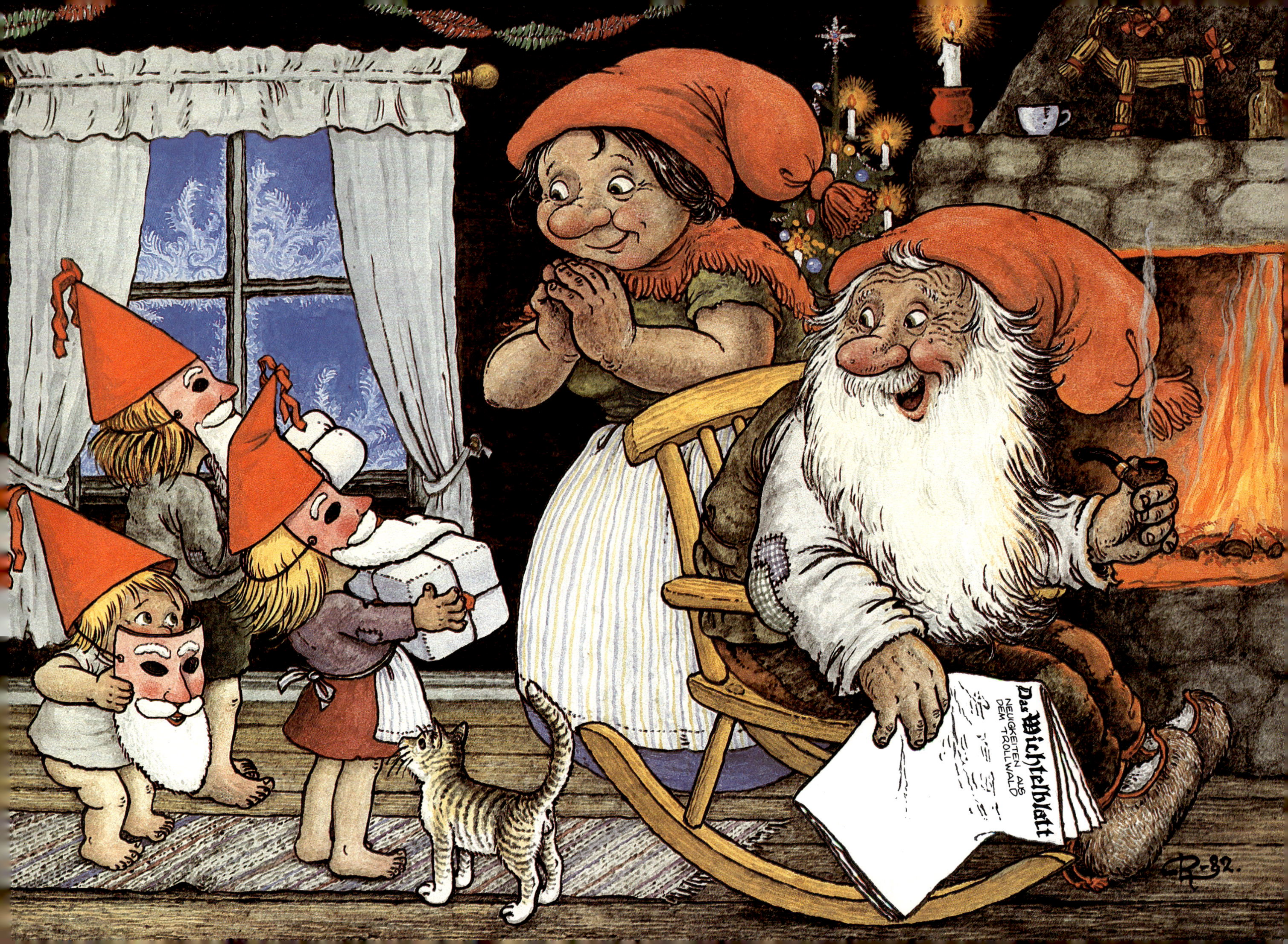
Das Wichtelblatt
NEUIGKEITEN AUS DEM TROLLWALD

Aber es sind ein paar Nachbarskinder. Sie wollen bei der Wichtelmutter essen, weil ihre Eltern noch nicht vom Geschenkeverteilen zurück sind.
„So, das Essen ist fertig", sagt die Wichtelmutter. „Und Oma und Opa sind auch schon da. Wo bleiben nur Papa und Paro?"
Gerade da geht die Haustür auf, und die beiden kommen herein!
„Hm, das riecht aber gut!" sagt der Wichtelvater. „Ich bin hungrig wie ein Bär!"
Alle setzen sich um den großen Tisch und essen und trinken nach Herzenslust.
„Waren die Menschenkinder artig?" fragt Pippa.
„Natürlich!" lacht der Vater. „Wenn die Weihnachtswichtel kommen, sind alle Kinder artig!"
„Aber die kleineren hatten auch ein bißchen Angst vor uns", erzählt Paro. „Manche haben gar nicht gewagt, ihre Geschenke auszupacken."
„Papa, woher weißt du eigentlich die Namen der Kinder?" fragt Pirko.
„Die bekomme ich im Wichtelrathaus", sagt der Wichtelvater. „Dort erfahre ich auch, was die Kinder sich wünschen."

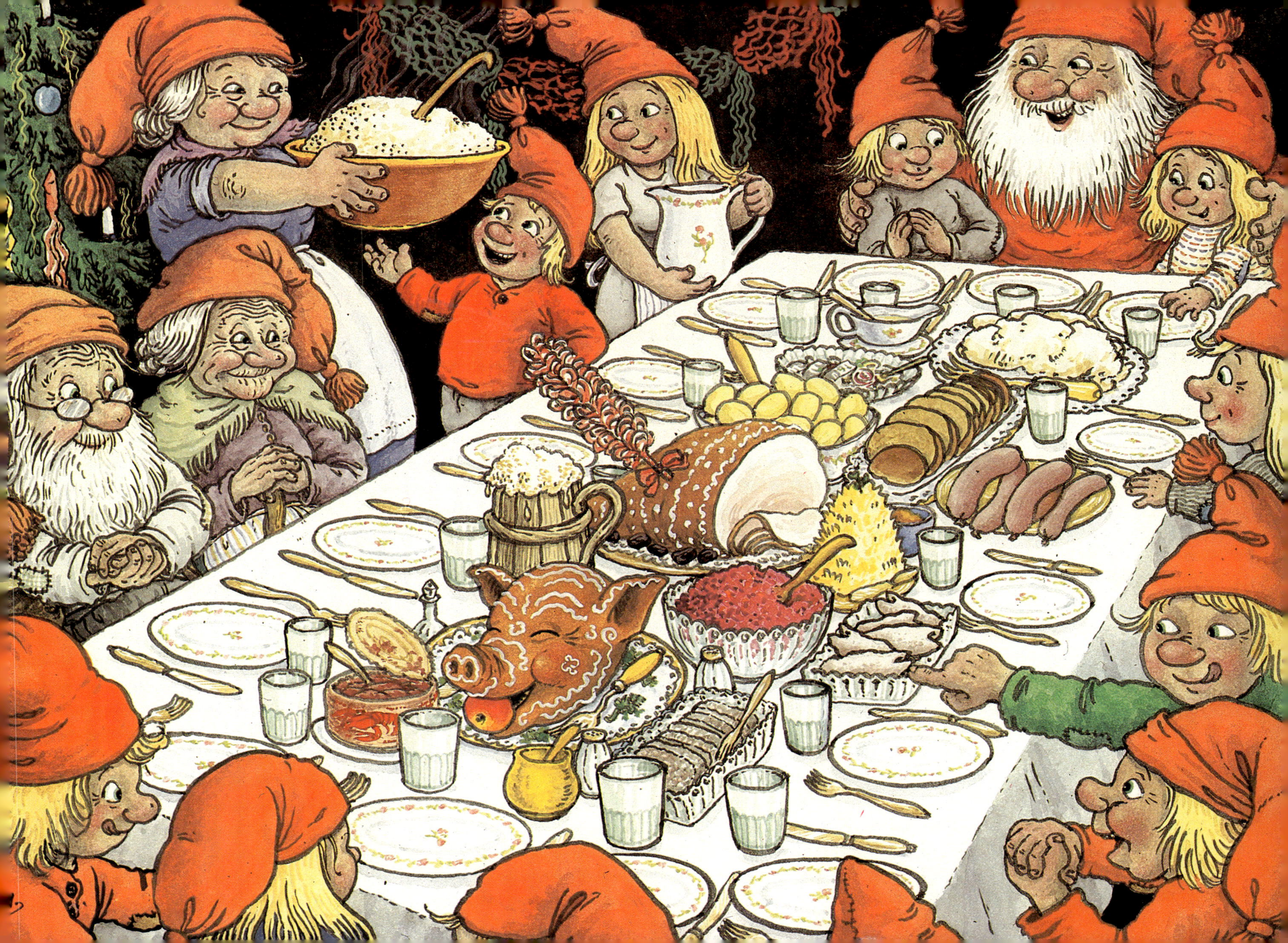

Nach dem Essen, als alle so richtig zufrieden sind, sagt der Wichtelvater endlich: „Ich glaube, jetzt ist es soweit!"

„Ohhh!" rufen alle Kinder. Sie wissen ganz genau, was jetzt soweit ist! Der Tanz um den Tannenbaum! Schnell wird der Tisch abgedeckt und zur Seite gestellt. Der Wichtelvater spielt auf der Geige, und die Wichtel tanzen, daß der Fußboden zittert und der Baum wackelt. Sogar Oma und Opa wagen ein paar Tanzschritte, und alle singen die Wichtelweihnachtslieder von den Tieren im Wald, von Blumen und Trollen. Pippa singt aus Leibeskräften.

„Ich singe wohl furchtbar schön?" meint sie hinterher zu Papa.

„Ja, furchtbar!" sagt er. „Schön", setzt er schnell hinzu, als er Pippas Gesicht sieht.

Für uns Menschen klingen die Wichtellieder seltsam. Aber wenn der Wichtelvater versucht, „Stille Nacht" oder ein anderes Menschenweihnachtslied zu spielen, finden die Wichtel das ganz genauso seltsam.

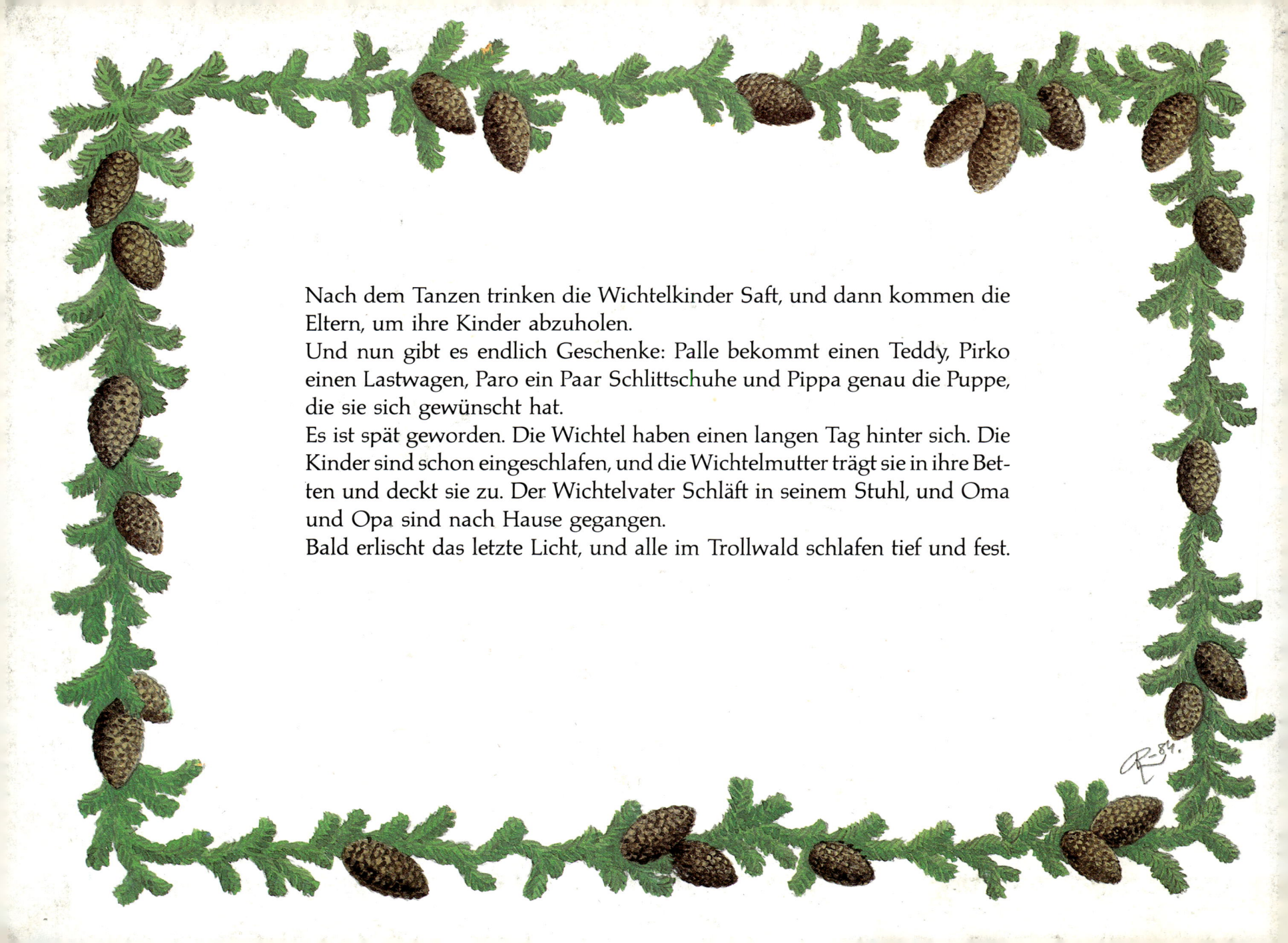

Nach dem Tanzen trinken die Wichtelkinder Saft, und dann kommen die Eltern, um ihre Kinder abzuholen.

Und nun gibt es endlich Geschenke: Palle bekommt einen Teddy, Pirko einen Lastwagen, Paro ein Paar Schlittschuhe und Pippa genau die Puppe, die sie sich gewünscht hat.

Es ist spät geworden. Die Wichtel haben einen langen Tag hinter sich. Die Kinder sind schon eingeschlafen, und die Wichtelmutter trägt sie in ihre Betten und deckt sie zu. Der Wichtelvater Schläft in seinem Stuhl, und Oma und Opa sind nach Hause gegangen.

Bald erlischt das letzte Licht, und alle im Trollwald schlafen tief und fest.